AF456615

NOTICE
DES LIVRES
COMPOSANT LA BIBLIOTHEQUE

DE FEU

M. L'ABBÉ DE BOURBON,

Dont la vente se fera, au plus offrant & dernier enchérisseur, en son Hôtel, Cloitre Notre-Dame,

Le huit Juin 1787, & jours suivans, de relevée.

BIBLIOTHEQUE ROYALE

Se distribue à PARIS,

Chez CAILLEAU, Imprimeur-Libraire, rue Gallande, N° 64.

M. DCC. LXXXVII.

Δ 442

Les Livres seront exposés en vente, dans l'ordre suivant :

Le Vendredi huit *Juin 1787.*

N° 1 — à — 111.

Le Samedi neuf *Juin.*

N° 112 — à 194.

Le Mardi douze *Juin.*

N° 195 — à — 286.

Le Mercredi treize *Juin.*

N° 287 — à — 365.

NOTICE

DES LIVRES

COMPOSANT LA BIBLIOTHEQUE

DE FEU

M. L'ABBÉ DE BOURBON.

THÉOLOGIE.

ECRITURE-SAINTE.

N° 1 BIBLIA SACRA, vulgatæ editionis. *Parisiis*, 1666. *in*-4.

2 Biblia ad vetustissima exemplaria nunc recens castigata. *Antverpiæ*, 1570. *in*-8.

3 La Sainte Bible en latin & en françois, avec des notes littérales, critiques & historiques, tirées de dom Augustin Calmet, de M. l'abbé de Vence &c. seconde édition. *Paris*, 1767. 17 vol. *in*-4.

4 Sacrorum Bibliorum Vulgatæ editionis concordantiæ. *Coloniæ Agrippinæ*, 1684. grand *in*-8.

5 Le Nouveau Teſtament en françois, avec des Réflexions morales. *Paris*, 1696. 5 vol. *in*-8.

6 Explication de S. Auguſtin & des autres Peres Latins ſur le Nouveau Teſtament. *Paris*, 1675. 2 vol. *in*-8.

7 Le Livre des Pſeaumes, avec des notes par Ellies Dupin. *Paris*, 1691. *in*-12.

8 Epitres & Evangiles, avec de courtes réflexions, auxquelles on ajoint les meſſes de tous les Dimanches de l'année, de toutes les Fêtes & Féries. *Paris*, 1732. 3 vol. *in*-12.

9 La Morale Evangélique, comparée à celle des différentes Sectes de Religions & de Philoſophies. *Beſançon*, 1772. 2 vol. *in*-12.

10 L'authenticité des Loix tant du Nouveau que de l'Ancien Teſtament. *Paris*, 1782. *in*-8.

LITURGIES.

11 Rituel Romain du Pape Paul V, à l'uſage du Dioceſe d'Alet. *Paris*, 1677. *in*-4.

12 Breviarium Pariſienſe. *Pariſiis*, 1778. 4 vol. *in*-12. m. r.

13 Rituale Pariſienſe. *Pariſiis*, 1777. *in*-4. m. r. dentelle.

14 Synodicon Eccleſiæ Pariſienſis. *Pariſiis*, 1777. *in*-4. m. r.

15 Rituel du Dioceſe de Bourges. *Bourges*, 1746. *in*-4.

16 L'Office de la Nuit. *Paris*, 1760. 8 vol. *in*-12. v. d. ſ. t.

17 Livre d'Eglise, lat. fr. *après-midi*. Partie d'hiver. *Paris*, 1772. m. r.

18 Graduel de Paris. *Paris*, 1766 2 vol. *in*-12.

19 L'Office de la Semaine-Sainte, à l'usage de la Maison du Roi, avec l'explication des Cérémonies de l'Eglise; par feu l'Abbé de Bellegarde. *Paris*, 1772. *in* 12. m. r.

20 Offices propres de la Paroisse de S. Jacques du Haut-pas. *Paris*, 1760 *in* 12. m. b. & tabis.

21 Deux Exemplaires *idem*. m. b. & m. r.

22 Heures à l'usage du Collége de Navarre, avec de courtes instructions. *Paris*, 1780 *in*-12.

23 Office complet du Paroissien. *Paris*, 1781. *in* 8.

CONCILES.

24 Analyse des Conciles généraux & particuliers, par le R. P. Richard, Dominicain. *Paris*, 1772. 5 vol. *in*-4.

25 Histoire du Concile de Pise, par Jacques l'Enfant. *Amsterdam*, 1724. 2 vol. *in*-4. rel. en un.

26 Histoire du Concile de Constance, par Jacques l'Enfant. *Amsterdam*, 1727. 2 vol. *in*-4.

27 Histoire du Concile de Trente de Fra-paolo Sarpi, traduite de l'italien par P. F. Le Courayer. *Amsterdam*, 1751. 3 vol. *in*-4.

THÉOLOGIENS.

28 Theologia dogmatica & moralis, ad usum Seminarii Catalaunensis, autore Ludovico Habert. *Parisiis*, 1732. 8 vol. *in*-12.

29 Compendiosæ Institutiones Theologicæ, ad usum Seminarii Pictaviensis. *Pictavii*, 1718. 6 vol. *in*-12.

30 Tractatus de vera Religione, ad usum Seminariorum, autore Ludovico Bailly. Editio tertia. *Divione*, 1776. 2 vol. *in*-12.

31 Tractatus de vera Religione, ad usum Seminariorum, Ludovici Bailly. *Divione*, 1776. 2 vol. *in*-12.

32 De Ecclesia Christi, ejusdem Autoris. *Divione*, 1780. 2 vol. *in*-12.

33 Lectiones Theologicæ de Religione, Gabrielis Musson. *Parisiis*, 1743. 2 vol. *in*-12.

34 Traité historique & dogmatique de la vraie Religion, avec la Réfutation des Erreurs qui lui ont été opposées dans les différens siecles, par M. l'abbé Bergier. *Paris*, 1780. 12 vol. *in*-12.

35 L'Incrédulité convaincue par les Prophéties. *Paris*, 1759. *in*-4.

36 Instruction pastorale de M. Lefranc de Pompignan, Evêque du Puy. *Paris*, 1764. 2 vol. *in*-12. p. p.

37 Confidence Philosophique. *Geneve*, 1776. 2 vol. *in*-8. rel. en un.

38 Mémoires philosophiques du Baron de ***. Seconde édition. *Paris*, 1779. 2 vol. *in*-8.

39 Les Erreurs de Voltaire, par l'abbé Nonnotte, quatrieme édition. *Lyon*, 1770. 2 vol. *in*-12.

40 Histoire véritable des Temps fabuleux, par M. Guerin du Rocher. *Paris*, 1776. 3 vol. *in*-8.

41 La Défense de la Religion, de la Morale, de la Vertu, de la Politique & de la Société, par le P. Richard, Dominicain. *Paris*, 1775. *in*-8.

42 Certitude des Principes de la Religion contre les nouveaux efforts des Incrédules, par M. Regnieri. *Paris*, 1776. 2 vol. *in*-12.

43 Vue de l'évidence de la Religion Chrétienne considérée en elle-même; traduite de l'Anglois par M. le Tourneur. *Paris*, 1779. *in*-8. br.

44 De la véritable Dévotion, trad. de l'italien de Muratori. *Paris*, 1778. *in*-12.

SERMONAIRES.

45 Sermons du Pere Bourdaloue. *Paris*, Rigaud, 1726. 17 vol. *in*-12.

46 Sermons de Massillon. *Paris*, 1764. 12 vol. *in* 12.

47 Sermons du Pere Cheminais. *Paris*, 1764. 5 vol. *in* 12.

48 Sermons sur les Mysteres & sur la Morale, par M. l'abbé Pleuvri. *Paris*, 1778. *in*-12.

49 Sermons de Morale & Panégyriques, par M. l'abbé Pleuvri. *Paris*, 1780.

50 La Morale évangélique, expliquée par les SS. Peres; ou Homélies choisies des Peres de l'Eglise, sur tous les Evangiles, par M. l'abbé Mery de la Canorgue. *Paris*, 1763. 2 vol. *in*-12.

CATÉCHISMES.

51 Exposition de la Doctrine de l'Eglise Gallicane. *Geneve*, 1757. *in*-12.

52 L'autorité des Livres de Moyse, établie & défendue contre les Incrédules, par M. l'abbé du Voisin. *Paris*, 1778. *in*-12.

53 Instructions générales, en forme de Catéchisme, de M. l'Evêque de Montpellier. *Lyon*, 1739. *in*-4.

54 Catéchisme de Montpellier. *Paris*, 1772. 2 vol. *in*-12.

55 Explication des premieres Vérités de la Religion, par Collot. *Paris*, 1779. *in*-8. br.

56 Catéchisme du Concile de Trente. *Paris*, 1754. *in*-12. br.
— Des Dimanches & Fêtes de l'année. *Paris*, 1774. *in*-12. p. p. br.
— Des Indulgences & du Jubilé. *Paris*, 1759. *in*-12. br.
Catéchisme ou Abrégé de la Foi, à l'usage du diocese de Paris. *Paris*, 1776. *in*-18. br. *double*.

57 Catéchisme du diocese de Chartres. *Chartres*, 1779. *in*-12. br.
— Du diocese de Senlis. *Senlis*, *in*-12. br. ou Instructions pour la tonsure.
— Du diocese de Nantes. *Paris*, 1723. *in*-12. broché.
Catéchisme ou Doctrine chrétienne, à l'usage du diocese d'Angers. *Paris*, 1746. *in*-12. br.

58 Catéchisme pratique, par M. l'abbé Champion. *Orléans*, 1783. *in*-12. br.
Catéchisme de la Tonsure, à l'usage du diocese de Soissons. *Paris*, 1723. *in*-12.
Conduite pour la Confession & la Communion. *Paris*, 1768. *in*-18.

59 Le Coran traduit de l'Arabe, accompagné de notes, & précédé d'un abrégé de la Vie de Mahomet, par M. Savary. *Paris*, 2 vol. *in*-8.

JURISPRUDENCE

CANONIQUE, CIVILE & BÉNÉFICIALE.

60 Corpus Juris Canonici, à Petro Pithæo & Francisco fratre. *Coloniæ*, Munatianæ. 1779. 2 vol. *in-fol.* rel. en un.

61 Prænotionum Canonicarum, Libri V. Joannis Doujat. Editio secunda. *Parisiis*, 1697. *in*-4.

62 Instituts du Droit canonique, traduit en françois, par M. Durand de Maillane. *Lyon*, 1770. 10 vol. *in*-12.

63 L'Esprit & les Principes du Droit canonique. *Avignon*, 1760. 3 vol. *in*-12.

64 Institution au Droit Ecclésiastique, par l'abbé Fleury. *Paris*, 1753. 2 vol. *in*-12.

65 Histoire du Droit public Ecclésiastique François. *Londres*, 1740. 3 vol. *in*-12.

66 Code Ecclésiastique ou Collection des Capitulaires, Ordonnances, Edits, &c. &c. touchant la jurisdiction de l'Eglise de France, par Messire Jacques d'Arcombal. *Paris*, 1778. *in*-4. tom. I. br.

67 Code Ecclésiastique ou Questions & Observations sur les Edits concernant la Jurisdiction Ecclésiastique, par M. Coudert de Clozole, avocat. *Paris*, 1780. 2 vol. *in*-8.

68 Traité de la Jurisdiction Ecclésiastique contentieuse; ou Théorie pratique des Officialités & autres Cours ecclésiastiques, pour les procédures civiles, &c. *Paris*, 1769. 2 vol. *in*-4.

69 Les Loix Eccléſiaſtiques de France, dans leur ordre naturel, édition revue & corrigée, par Louis de Héricourt. *Paris*, 1771. *in-fol.*

70 Les Loix Eccléſiaſtiques, tirées des ſeuls Livres Saints. *Paris*, 1753. *in-12.*

71 Recueil de Juriſprudence canonique & bénéficiale, par ordre alphabétique, avec les pragmatiques, concordats, bulles, &c. par Guy du Rouſſeau de la Combe, avocat. *Paris*, 1771. *in-fol.*

72 Les Libertés de l'Egliſe Gallicane, prouvées & commentées, &c. par M. Durand de Maillane, avocat. *Lyon*, 1771. 5 vol. *in-4.*

73 Commentaire de M. Dupuy, ſur le traité des libertés de l'Egliſe Gallicane de M. P. Pithou. *Paris*, 1715. 2 vol. *in-4.*

74 Uſages de l'Egliſe Gallicane, concernant les cenſures & l'irrégularité, par Gibert. *Paris*, 1724. *in-4.*

75 De Concordia Sacerdotii & Imperii, ſeu de libertatibus Eccleſiæ Gallicanæ, libri octo, Petri de Marca, Archiepiſcopi Pariſienſis. *Pariſiis*, 1704. *in-fol.*

76 Traité du Gouvernement de l'Egliſe, & de la puiſſance du Pape, traduit du latin de Juſtin Febronius. *Veniſe*, 1769. *in-4. m. r.*

77 Queſtions ſur le Concordat fait entre Léon X & François I., par Duperray. *Paris*, 1743. 2 vol. *in-12.*

78 Obſervations ſur le Concordat fait entre Léon X & François I., par Michel Duperray. *Paris*, 1740. *in-12.*

79 Collection des procès-verbaux des Aſſemblées générales du Clergé de France. *Paris*, 1778. 10 vol.

10 vol. *in-fol.* y compris le volume de table. Les tomes 1 & 2 manquent.

80 Procès-verbal de l'Assemblée générale du Clergé de France, de l'année 1780. *Paris*, 1781. *in-folio.*

81 — de l'Assemblée générale extraordinaire du Clergé de France, de l'année 1782. *Paris*, 1783. *in-folio.*

82 Rapport de l'agence contenant les principales affaires du Clergé qui se sont passées depuis l'année 1770 jusques en 1775. *Paris*, 1780. *in-folio.*

83 Abrégé du Recueil des Actes, Titres & Mémoires des affaires du Clergé de France; ou Table raisonnée, en forme de précis des matieres, &c. *Paris*, 1764. *in-fol.*

84 Recueil des Actes, Titres & Mémoires concernant les affaires du Clergé de France. *Paris*, 1768. 14 vol. *in-4.*

85 Institution aux Loix Ecclésiastiques de France, ou Analyse des Actes & Titres qui composent les Mémoires du Clergé. *Paris*, 1783. 3 vol. *in-12.*

86 Manuel Ecclésiastique de discipline & de droit, ou Sommaire des Mémoires du Clergé, rédigé par ordre alphabétique, par MM. les abbés Garreau & L. B. D. C. *Paris*, 1778. *in-8.*

87 Traité des Prescriptions, de l'aliénation des biens d'Eglise & des dixmes, par Dunod de Charnage. *Paris*, 1753. *in-4.*

88 La Bibliotheque Canonique, contenant toutes les matieres Ecclésiastiques & Béneficiales traitées par L. Bouchel. Edition revue & corrigée par Claude Blondeau. *Paris*, 1689. 2 vol. *in-fol.*

89 Recueil des principales Décisions sur les Dixmes, les Portions congrues, &c. par M. Drapier, avocat. *Paris*, 1741. 2 vol. *in*-12.

90 Recueil des principales Décisions sur les Dixmes, par M. Drapier, avocat. *Paris*, 1748. 2 vol. *in*-12.

91 Principes & usages concernant les Dixmes, par De Jouy. *Paris*, 1775. *in*-12.

92 Principes sur l'essence, la distinction & les limites des deux puissances spirituelles & temporelles; par le P. de la Borde. 1753. *in*-12.

93 Traité des Bénéfices ecclésiastiques, par M. P. Gohard. *Paris*, 1764. 7 vol. *in*-4.

94 Traité des Unions des Bénéfices, par M. Laubry. *Paris*, 1778.

95 Traité des droits & des obligations des Chapitres des Eglises Cathédrales, par Ducasse. *Toulouse*, *in*-12.

66 Traité de la Jurisdiction volontaire & contentieuse des Officiaux & autres Juges d'Eglise, par M. Jousse. *Paris*, 1769. *in*-12.

97 Tradition ou Histoire de l'Eglise, sur le Sacrement de Mariage. *Paris*, 1725. 3 vol. *in*-4.

98 Code Matrimonial. *Paris*, 1770. *in*-4.

99 Traités des Collations & Provisions des Bénéfices, par Piales. 8 vol. *in*-12.

100 Traité de l'Expectative des Gradués, des Droits & Priviléges des Universités, par M. Piales. *Paris*, 1757. 6 vol. *in*-12.

101 Traité des Commandes & des Réserves ou des Provisions des Bénéfices, par Piales. *Paris*, 3 vol. *in*-12.

102 Traité de la Dévolution, du Dévolut & des

Vacances de plein droit, par Piales. *Paris*, 1757. 3 vol. *in*-12.

103 Traité des Provisions de Cour de Rome, par M. Piales. *Paris*, 1756. 2 vol. *in*-12.

104 Traité des Droits honorifiques des Patrons & Seigneurs dans les Eglises, par Maréchal. *Paris*, 1772. 2 vol. *in*-12.

105 Traité des excommunications, & monitoires, par Jacques Eveillon, Prêtre. *Paris*, 1672. *in* 4.

106 Conférences Eccléfiaftiques du Diocefe d'Angers. *Paris*, 1778. 20 vol. *in*-12.

107 Traité de l'abus, & du vrai fujet des appellations, qualifiées du nom d'Abus, par Charles Fevret. *Avignon*, 1778. 2 vol. *in-fol.* reliés en un.

108 Traité de l'indult du Parlement de Paris, par le P. Cochet de Saint-Valier. *Paris*, 1747. 3 vol. *in*-4.

109 Conftitutions des Tréforiers, Chanoines & Collége de la Sainte Chapelle Royale du Palais. *Paris*, 1779. *in*-8. broché.

110 Caufes célebres & intéreffantes, avec les jugemens qui les ont décidées, rédigées par M. Richer. *Amfterdam*, 1772. 18 vol. *in*-12.

111 Caufes amufantes & connues. *Paris*, 1781. 2 vol. *in*-12.

SCIENCES ET ARTS.

PHILOSOPHIE.

112 Cours complet de Philosophie, ou Elémens de Philosophie, à l'usage des gens du monde, par M. l'abbé Sauri. *Paris*, 1773. 3 vol. *in*-12.

113 La Logique, ou l'Art de penser, de Port-Royal. *Paris*, 1714. *in*-12.

114 Logicæ Compendium præfixa est dissertatio de Philosophiæ origine, &c. Fr. Hutcheson. *Argentorati*, 1771. *in*-12.

115 Le Manuel d'Epictete, & les Commentaires de Simplicius, traduits en françois par M. Dacier. *Paris*, 1715. 2 vol. *in*-12.

116 Essais de Montaigne, avec des notes de Coste, *Londres*, 1754. 10 vol. *in*-12. p. p. les tomes 2 & 9 manquent.

117 De la Sagesse de Charron. *Paris*, 1783. *in*-8. veau éc. fil.

118 La Morale du Citoyen du monde, ou la Morale de la Raison, par M. l'abbé Sauri. *Paris*, 1777. *in*-12.

119 Code de la Raison, ou Principes de morale, par M. l'abbé Ponçol. *Paris*, 1778. 2 vol. *in*-12.

120 Discours sur l'origine & les fondemens de l'Inégalité parmi les hommes. *Amsterdam*, 1763. *in*-12.

121 Les Entretiens d'Ariste & d'Eugene. *Paris*, 1768. *in*-12.

122 Les deux âges du Goût & du Génie françois, par M. de la Dixmerie. *Paris*, 1769. *in*-8.

123 Penſées de M. Paſcal ſur la Religion. *Paris*, 1761. *in*-12.

124 Penſées de Cicéron, trad. par l'abbé d'Olivet. *Paris*, 1771. *in*-12.

125 Diſcours ſur le Progrès des Lettres en France, par M. Rigoley de Juvigny. *Paris*, 1772. *in*-8.

126 Le même livre. *in*-8.

127 Les Loix de la Nature, expliquées par Richer Cumberland, traduites par Barbeyrac. *Leyde*, 2757. *in*-4.

MÉTAPHYSIQUE.

128 Eſſai de Métaphyſique ou Principes ſur la nature & les opérations de l'Eſprit. *Paris*, 1756. *in*-12.

129 L'Ame des Bêtes, par l'Abbé Guidi. *Paris*, 1782. *in*-12. broché.

PHYSIQUE.

130 Leçons de Phyſique expérimentale, par l'Abbé Nollet. *Paris*, 1775, *in*-12. broché, le tome 1 manque.

131 Cours de Phyſique expérimentale & théorique, par M. l'Abbé Sauri. *Paris*, 1777. 4 vol. *in*-12.

132 Elémens de Phyſique théorique & expéri-

mentale, par M. Sigaud de la Fond. *Paris*, 1777. 4 vol. *in*-8.

133 Description & Usage d'un Cabinet de Physique expérimentale, par M. Sigaud de la Fond. *Paris*, 1775. 2 vol. *in*-8.

134 Essai de Physique en forme de Lettres. *Paris*, 1768. *in*-12.

135 Recherches Physiques sur l'Electricité, par M. Marat. *Paris*, 1782. *in*-8. br.

136 Recherches Physiques sur le fer, par M. Marat. avec fig. *Paris*, 1780. *in*-8. *m. r.*

137 Le même livre. *in*-8. broché.

138 Découvertes de M. Marat, sur la lumiére. *Londres*, 1780. *in*-8. *m. r.*

139 Le même livre. *in*-8. broché.

140 Histoire de l'Electricité, traduite de l'Anglois, de Priestley. *Paris*, 1771. 3 vol. *in*-12.

141 Expériences & Observations sur l'Electricité, par M. Franklin, trad. de l'Anglois. *Paris*, 1752.

142 Telliamed, ou Entretiens d'un Philosophe Indien avec un Missionnaire François. *Amsterdam*, 1748. 2 vol. *in*-8. reliés en un.

143 De l'Usage des armes à feu, par M. le Commandeur d'Antoni, traduit de l'Italien, par M. le Marquis de Saint-Auban. *Paris*, 1785. *in*-8.

POLITIQUE.

144 Annales politiques, civiles & littéraires du dix-huitieme siècle, par M. Linguet. 7 vol. *in*-8.

HISTOIRE NATURELLE.

145 Histoire Naturelle générale & particulière,

par M. de Buffon. *Paris*, 1769. 13 vol. *in*-12. *le tome 5 manque.*

146 — Des Oiseaux, par le même. *Paris*, 1770. 16 vol. *in*-12.

147 — Des Minéraux. *Paris*, 1774. 10 vol. *in*-12.

148 Flore Françoise, ou Description succincte de toutes les Plantes qui croissent naturellement en France, par M. le Chevalier de la Marck. *Paris*, 1778. 3 vol. *in*-8.

149 Œuvres complettes de M. le Chevalier Hamilton, commentées par M. l'Abbé Giraud-Soulavie. *Paris*, 1781. *in*-8.

150 Dictionnaire raisonné universel d'Histoire naturelle, par M. Valmont de Bomare. *Paris*, 1775. 6 vol. *in*-4.

151 Histoire Naturelle de la France Méridionale, par M. l'Abbé Giraud-Soulavie. *Nismes*, 1780. 6 vol. *in* 8.

152 Minéralogie ou Nouvelle Exposition du Regne minéral, par M. Valmont de Bomare. *Paris*, 1774. 2 vol. *in* 8.

ARTS.

153 Théorie des Jardins. *Paris*, 1776. *in*-8.

154 Dictionnaire portatif des Beaux Arts, par M. La Combe. *Paris*, 1759. *in*-8.

155 De l'Education de J. J. Rousseau. *Amsterdam*, 1782. 4 vol. *in*-12.

156 Dictionnaire historique d'Education. *Paris*, 1771. 2 vol. *in*-8. p. p.

157 Principes d'Institution, ou la Manière d'élever les enfans des deux sexes. *Paris*, 1774. *in*-12.

158 Essais de nouvelle Psalmodie, ou faux Bourdon, à une, deux ou trois voix, par M. l'Abbé Guichard. *Paris*, 1783. *in-8. m. r.*

159 L'Onanisme, Dissertation sur les Maladies produites par la masturbation, par Tissot. *Lausanne*, 1778. *in-12.*

160 L'Arithmétique de Barreme. *Paris*, 1704. *in-12.*

161 Les Bâtimens & les Desseins d'André Palladio, recueillis & illustrés, par Octave Bertoti Scamózi. *Vicence*, 1776. 4 vol. *in-fol.* pap. impér. en feuilles.

162 Le Grand Trictrac, ou Méthode facile pour apprendre sans maître la marche, les termes, les règles de Paris. 1754. *in-8.*

163 Analyse des Echecs, ou Méthode pour apprendre à se perfectionner dans ce noble Jeu, par Philidor. *in-8.* br.

164 L'Encyclopédie Méthodique, ou Dictionnaire raisonné des Sciences, Arts & Métiers. Les trois premières livraisons, avec la souscript. *in-4.* br.

BELLES-LETTRES.

GRAMMAIRES.

165 Synonimes François, leurs différens significatifs, & le choix qu'il en faut faire, par l'Abbé Girard. *Paris*, 1769. 2 vol. *in-12.*

166 Synonimes latins & leurs différentes significations, par M. Jardin Dumesnil. *Paris*, 1777. *in-12.*

167 Essai sur le style, à l'usage de l'Ecole Royale des Jeunes Gentilshommes, par M. Thiébaut. *Berlin*, 1774.

168 Mémoires concernant les Ecoles Nationales Militaires. *Paris*, 1781. *in*-8. broché.

169 Les Principes de la Littérature, par l'Abbé le Batteux. *Paris*, 1774. 5 vol. *in*-12.

170 Les Veillées du Château, ou Cours de Morale, à l'usage des enfans, par Madame de Genlis. *Paris*, 1784. 3 vol. *in*-8. br.

171 Les Elémens de la Langue Angloise, par D. J. Peyton. *Londres*. 1785. *in*-12.

RHÉTORIQUE.

172 Marci Fabii Quintiliani Institutionum Oratorianum, Libri XII, à Carolo Rollin. *Parisiis*, 1774. 2 vol. *in*-12.

173 Quintilien, de l'Institution de l'Orateur, par M. l'Abbé Gédoyn. *Paris*, 1770. 4 vol. *in*-12.

174 De la Manière d'enseigner & d'étudier les Belles-Lettres, par rapport à l'esprit & au cœur, par M. Rollin. *Paris*, 1765. 4 vol. *in*-12.

175 La Rhétorique, ou les Règles de l'Eloquence, par Gibert. *Paris*, 1766. *in*-12.

176 Rhétorique Françoise, à l'usage des jeunes Demoiselles. Quatrième édition. *Paris*, 1765. *in*-12.

177 Modèles d'Eloquence latine, avec la traduction. *Paris*, 1774. *in*-12.

178 Candidatus Rhetoricæ, à P. Josepho Juvencio. *Rothomagi*, 1746. *in*-12.

179 Des Tropes, ou les différens sens dans lesquels on peut prendre un même mot dans une

même langue, par Dumarsais. *Paris*, 1757. *in*-8.

180 Pensées ingénieuses des Anciens & des Modernes, du P. Bouhours. *Paris*, 1761. *in*-12.

181 Dialogues sur l'Eloquence en général, & sur celle de la Chaire en particulier, par M. de Fenelon. *Paris*, 1764. *in*-12.

182 Præcepta Rhetorices, Collecta ex Libris de Oratore, M. Tullii Ciceronis, &c. *Parisiis*, 1766. *in*-12.

183 Œuvres complettes de Messire Esprit Fléchier, Evêque de Nismes. *Nismes*, 1782. 10 vol. *in*-8.

184 Eloges lus dans les Séances publiques de l'Académie Françoise, par M. d'Alembert. *Paris*, 1779. *in*-12.

185 Eloge de Bossuet, par M. Talbert. br.
— De Philippe d'Orléans, par le même. br.
— De la Fontaine, par M. de Champfort. b.
— De Michel de l'Hôpital, par M. Talbert. broché.
— Du Cardinal d'Amboise, par le même. *in*-8. broché.
Aux Mânes de Louis XV, & des Grands Hommes, qui ont vécu sous son Règne. *Aux deux Ponts*. 1776. *in*-8.

186 Selecta, M. Tullii Ciceronis Opera Philosophica. *Parisiis*, 1774. *in*-12.

187 Marci Tullii Ciceronis Opera, cum notis D. Lallemand. *Parisiis*. 1768. 3 vol. *in*-12.

188 Oraisons choisies de Cicéron, traduites par M. de Wailly, avec le latin à côté. *Paris*, 1771. 3 vol. *in*-12.

189 Tusculanes de Ciceron, traduites par MM. Bouhier & d'Olivet. *Paris*, 1766. 2 vol. *in*-12.

190 Entretiens de Ciceron, ſur la nature des Dieux, traduits par l'Abbé d'Olivet. *Paris*, 1766. 2 vol. *in*-12.

191 { Dictionnarium Univerſale Latino-Gallicum, Autore Boudot, *Pariſiis*, 1772. *in*-8.
Dictionnaire Univerſel, François & Latin, traduit par l'Allemant. *Paris*, 1771. *in* 8. }

192 Dictionnaire Italien, François-Italien & Italien-François, par Antonini. *Lyon*, 1770, 2 vol. *in*-4. le deuxième manque.

193 Nouveau Dictionnaire François-Anglois, & Anglois-François, par M. Louis Chambaud, revu par M. Jean Perrin. *Londres*, 1778. 2 vol. *in* 4.

194 Dictionnaire Univerſel, François & Latin, (autrement dit, Dictionnaire de Trévoux). *Paris*, 1771, 8 vol. *in-folio*.

POÉTIQUE.

POÈTES, CONTES ET ROMANS.

195 P. Virgilii Maronis Opera, cum notis Caroli Ruæi. *Pariſiis*, 1768. 3 vol. *in*-12. manque le tome deux.

196 Œuvres de Virgile, traduites par l'Abbé Desfontaines. *Poris*, 1770. 4 vol. *in*-12.

197 Q. Horatii Flacci, cum notis Joannis Bond. *Amſtelodami*. *in*-12. p. p.

198 Q. Horatii Flacci Carmina expurgata, cum notis Josephi Juvencii. *Parisiis*, 1728. *in*-12.

199 Les Poësies d'Horace, traduites en François. *Paris*, 2 vol. *in*-12. p. p.

200 P. Ovidii Nasonis Metamorphoseon, Libri XV. *Parisiis*, 1766. *in*-12.

201 Métamorphoses d'Ovide, avec des remarques, par l'Abbé Banier. *Paris*, 1768. 3 vol. *in*-12.

202 L'Odyssée d'Homere, traduite en vers, par M. de Rochefort. *Paris*, 1777. 2 vol. *in*-8.

203 L'Iliade d'Homere, traduite en vers, par le même. *Paris*, 1772. 3 vol. *in*-8.

204 Idylles de Théocrite, traduites en prose, &c. *Paris*, 1777. *in*-12.

205 Le Paradis perdu de Milton, Poëme Héroïque, traduit de l'Anglois. *Paris*, 1736. 3 vol. *in*-12.

206 Poësies del Signor Abate Pietro Metastasio. *Torino*, 1757. *in*-8.

207 Idylles Champêtres de M. Gessner, traduites de l'Allemand, par M. Huber. *Lyon*, 1767. *in*-12. p. p.

208 Etrennes du Parnasse (Poëtes Grecs), avec les Recherches & Reflexions sur la Poësie en général. *Paris*, 1771. 3 vol. *in*-12. p. p.

209 Notice des Poëtes Latins, par M. M***. *Paris*, 1773. 4 vol. *in*-12. p. p.

210 Annales Poétiques, ou Almanach des Muses, depuis l'origine de la Poësie Françoise. *Paris*, 1778 à 1782. 23 vol. *in*-12. p. p. veau éc. fil.

211 Almanach des Muses, 1765 à 1783. 18 vol. *in*-12. v. fil.

212 Parnasse des Dames. 9 vol. *in*-8.

213 Fabliaux ou Contes du douzième & treizième siècles. *Paris*, 1779. 3 vol. *in*-8.

214 Elite de Poësies fugitives. *Londres*, 1769. 5 *in*-12. p. p.

215 Recueil des plus belles Pièces des Poëtes François, depuis Villon, jusqu'à Benserade. *Paris*, 1752. 6 vol. *in*-12. p. p.

216 Œuvres de Moliere, avec des remarques grammaticales, par M. Bret. *Paris*, 1778. 8 vol. *in*-12. p. p.

217 Les Œuvres de Racine. *Paris*, 1767. 3 vol. *in*-12. manque le tome premier.

218 Œuvres de Boileau Despreaux. *Paris*, 1768. 3 vol. *in*-12. p. p.

219 Théâtre & Œuvres de P. Corneille. *Paris*, 1759. 10 vol. *in*-12. p. p..

220 Œuvres de Regnard. *Paris*, 1778. *in*-12. 4 vol. petit papier.

221 Œuvres de Crébillon le père. *Paris*, 1772. *in*-12. 3 vol. petit papier.

222 Œuvres choisies de J. B. Rousseau. *Paris*, 1776. *in*-12. petit papier.

223 Œuvtes de Madame & de Mademoiselle Deshoulières. *Paris*, 1754. 2 vol. *in*-12. petit papier.

224 Lucrece, Traduction nouvelle, avec des Notes, par M. L. G. *Paris*, 1768. 2 vol. *in*-8.

225 La Henriade de Voltaire, avec les Variantes. 1765. 2 vol. *in*-12. petit papier.

226 La Henriade de Voltaire, avec des Remarques, par M. Palissot. *Paris*, 1784. *in* 8. papier vél. broché.

227 Œuvres de Théâtre de Voltaire. *Paris*, 1767. 7 vol. *in*-12. *Le tome 2 manque.*

228 Œuvres de Greſſet. *Londres*, 1765. 2 vol. *in*-12. petit papier.

229 Œuvres de Desmahis. *Paris*, 1778. 2 vol. *in*-12.

230 Œuvres complettes de M. le C. D. B. de l'Académie Françoiſe. *Londres*, 1767. 2 vol. *in*-12.

231 Théâtre de Campagne, par l'Auteur des Proverbes Dramatiques. *Paris*, 1775. 4 vol. *in*-8.

232 Théâtre de M. Bret. *Paris*, 1778. 2 vol. *in*-8.

233 Théâtre de Société, par M. Collé. *La Haye*, 1777. 3 vol. *in*-12.

234 Œuvres de Colardeau, de l'Académie Françoiſe. *Paris*, 1779. 2 vol. *in*-8. grand pap. avec fig.

235 Œuvres complettes de M. de Belloy, de l'Académie Françoiſe. *Paris*, 1779. 6 vol. *in*-8.

236 Œuvres complettes d'Alexis Piron, publiées par M. Rigoley de Juvigny. *Paris*, 1776. 7 vol. *in*-8. v. éc. fil.

237 Anecdotes Dramatiques. *Paris*, 1775. 3 vol. *in*-8.

238 Le Génie de Pétrarque, ou Imitation en Vers François de ſes plus belles Poéſies. *Paris*, 1778. *in* 8.

239 Il Decameron di Meſſer Giovani Boccacci. *In Amſterdamo*, 1679. *in*-12.

240 Roland le Furieux, Poëme héroïque de l'Arioſte, par M. le Comte de Treſſan. *Paris*, 1780. 5 vol. *in*-12.

241 Hymnes de Santeuil, traduites en Vers François. *Paris*, 1760. *in*-12.

242 Les Nuits & Œuvres d'Young, trad. de l'Anglois par M. Letourneur. *Paris*, 1769. 4 v. *in*-8.

243 Les Incas, ou la destruction de l'Empire du Pérou, par M. Marmontel. *Paris*, 1777. 2 vol. *in*-8.

244 Télephe en XII Livres. *Londres*, 1784. *in*-8. broché.

245 { La Dunciade, Poëme. *Londres*, 1773. *in*-8.
Mémoires pour servir à l'Histoire de notre Littérature, depuis François I jusqu'à nos jours, par M. Palissot. *Genève*, 1775. *in*-8. }

246 Les Styles, Poëme en 4 Chants. *Paris*, 1781. 1 vol. *in*-12. v. f. à filets.

247 Connoissance de la Mythologie, par demandes & par réponses. Sixième édition. *Paris*, 1708. *in*-12.

248 Dictionnaire abrégé de la Fable, par Chompré. *Paris*, 1778. *in*-12.

249 Histoire de Gilblas de Santillanne, par Le Sage. *Paris*, 1771. 4 vol. *in*-12. fig.

250 Lettres Angloises, ou Histoire de Miss Clarisse Harlove, traduite de l'Anglois de Richardson, par l'Abbé Prévôt. *Paris*, 1766. 6 vol. *in*-12.

251 Letters Freen Juliet Lady Catesby, to her Frind Lady Henrietta Campley. *Londres*, 1780. *in*-12. *double*.

252 Lettres du Marquis de Roselle, par Madame L. de B. *Paris*, 1775. *in*-12.

253 Histoire d'Emilie Montague, par M. Brooke, traduite de l'Anglois par M. Frenais. *Paris*, 1770. 5 vol. *in*-12. brochés.

254 Épreuves du Sentiment, par M. d'Arnaud. *Paris*, 1773. 4 vol. *Le tome 3 manque*.

255 L'Homme juste à la Cour, ou les Mémoires du C. D. R. *Paris*, 1772. *in*-12.

256 Nouvelles Françoises, par M. d'Ussieux. *Paris*, 1775. 3 vol. *in*-8.

257 L'Isle inconnue, ou Mémoires du Chevalier des Gatines, par M. Grivel. *Paris*, 1783. 4 vol. *in*-12.

258 Lettres Athéniennes, extraites du Porte-feuille d'Alcibiade. *Londres*, 1771. 4 vol. *in*-12.

PHILOLOGIE.

259 L'Esprit des Journalistes de Hollande les plus célèbres. *Paris*, 1778. 2 vol. *in*-12.

260 L'Esprit des Journaux. 92 vol. *in*-12. brochés.

261 Les trois siècles de la Littérature Françoise, ou Tableau de l'Esprit de nos Écrivains, depuis François I jusqu'en 1777. *Paris*, 1779. 4 vol. *in*-12.

262 Plusieurs Années de l'Année Littéraire de Fréron. *in*-12. en brochures.

POLYGRAPHIE.

263 Œuvres diverses du Comte Antoine Hamilton. *Londres*, 1776. 7 vol. *in*-12. p. p.

264 Mélanges historiques & critiques de Physique, de Littérature & de Poésie, par M. d'Orbessan. *Paris*, 1768. 4 vol. *in*-8.

265 Les Caractères de M. de la Bruyère. *Paris*, 1759. 2 vol. 12. p. p.

266 Lettres intéressantes du Pape Clément XIV, (Ganganelli.) *Paris*, 1776. 2 vol. *in*-12.

267 Discours de M. l'Abbé de Moy, sur ce sujet : Combien

Combien le respect pour les Mœurs contribue au bonheur d'un État. *Besançon*, 1776. *in*-8.

268 Les Œuvres d'Étienne Pasquier, contenant ses Recherches de la France, &c. *Amsterdam*, 1723. 2 vol. *in-fol.*

269 Les Recherches des Recherches, & autres Œuvres d'Étienne Pasquier, pour la défense de nos Rois. *Paris*, 1622. *in*-8.

270 Mélanges tirés d'une grande Bibliothèque. 71 vol. *in*-8. brochés. *7 vol. manquent.*

271 Œuvres de Lucien, Traduction nouvelle par M. l'Abbé Massieu. *Paris*, 1781. 3 vol. *in*-12.

272 De la Passion du Jeu, depuis les tems des Anciens jusqu'à nos jours, par M. Dusaulx. *Paris*, 1779. 2 vol. *in*-8.

273 Essais sur la Nécessité & les Moyens de plaire. *Paris*, 1738. *in*-8.

274 La Science des Personnes de Cour, d'Epée & de Robe. *Paris*, 1752. 8 vol. *in*-12.

275 Les Vies des Hommes illustres de Plutarque, avec des Remarques historiques, par M. Dacier. *Amsterdam*, 1724. 9 vol. *in*-12. *Le tome* 10 *manque.*

276 Les Œuvres Morales & les Vies des Hommes illustres de Plutarque. *Paris*, 1783. 6 vol. *in*-8. brochés.

277 C. Plinii Cæcilii secundi Epistolæ & Panegyricus, Editore J. N. Lallemand. *Parisiis*, 1749. *in*-12. p. p.

278 Œuvres de M. le Chancelier d'Aguesseau. *Paris*, 1759 à 1779. 11 vol. *in*-4.

279 Traité historique & critique de l'Opinion, par M. Le Gendre. Quatrième édition. *Paris*, 1758. 9 vol. *in*-12.

280 Œuvres complettes de M. de Saint-Foix. *Paris*, 1778. 6 vol. *in*-8. v. fil.

GÉOGRAPHIE.

281 Description générale de l'Univers, trad. de l'Anglois par Salmon. *Paris*, 1776. 2 vol. *in* 8.

282 Géographie moderne de la Croix. *Paris*, 1773. 2 vol. *in*-12.

283 Atlas moderne, ou Collection de cartes sur toutes les Parties du Globe terrestre, d'après la Géographie de Nicole de la Croix. *Paris*. *in-fol.* enluminé.

284 Atlas historique de la France ancienne & moderne, pour servir à l'Histoire de France de Velly & Villaret, par M. Rizzi Zannoni, avec les cartes enluminées. *Paris*, 1766. *in*-4.

285 Dictionnaire historique & géographique portatif de l'Italie. *Paris*, 1777. 2 vol. *in* 8.

286 Description historique de Paris & de ses plus beaux monumens, par Béguillet. *Paris*, 1779. 2 vol. *in*-8. avec fig.

CHRONOLOGIE.

HISTOIRE UNIVERSELLE.

287 Histoire Universelle, depuis le commencement du monde jusqu'à présent, composée en Anglois, & traduite en François par une Société de Gens de Lettres, enrichie de figures & de

cartes. *Paris*, 1779 à 1787. 97 vol. *in*-8. reliés en carton & brochés. *Les tomes* 40, 66, 77, 78, *manquent.*

288 Discours sur l'Histoire Universelle de Bossuet. *Paris*, 1771. 2 vol. *in*-12.

289 Mémoires pour servir à l'Histoire Universelle de l'Europe, depuis 1600 jusqu'en 1616. par le P. d'Avrigny. *Paris*, 1757. 6 vol. *in*-12. br.

290 Principes de l'Histoire, pour l'Education de la Jeunesse, par année & par leçons, de l'Abbé Lenglet Dufresnoy. *Paris*, 1752. 6 vol. *in*-12.

291 Cours d'Histoire sacrée & profane, dédié aux jeunes personnes, troisième édition. *Paris*, 1766. 2 vol. *in*-12.

292 Cours d'Histoire universelle, par M. Luneau de Bois-Germain. *Paris*, 1760. 2 vol. *in*-8. brochés.

293 Les Traits de l'Histoire Universelle sacrée & profane, d'après les plus grands Peintres & les meilleurs Écrivains, par le sieur *Le Maire*, Graveur. *Paris*, 1760. 4 vol. *in*-8.

294 Le Voyageur François, ou la Connoissance de l'ancien & du nouveau Monde, par l'Abbé de la Porte. *Paris*, 28 vol. *in*-12.

295 Voyage Littéraire de la Grèce, ou Lettres sur les Grecs, anciens & modernes, avec un parallele de leurs mœurs, par M. Guys. *Paris*, 2 vol. *in*-8. v. fil.

296 Lettres édifiantes & curieuses, écrites des Missions Étrangères. *Paris*, 1780 à 81. 24 vol. *in*-12. *Le tome* 19 *manque.*

297 Voyage dans l'Hémisphère Austral, par Jacques Cook, traduit de l'Anglois. *Paris*, 1778. 6 vol. *in*-8.

298 Voyages autour du Monde & vers les deux Pôles, par terre & par mer, par M. de Pagès. *Paris*, 1782. 2 vol. *in*-8.

HISTOIRE ECCLÉSIASTIQUE.

299 Histoire de l'Eglise, par M. l'Abbé de Bérault-Bercastel. *Paris*, 1778 à 1782. 14 vol. *in*-12.

300 Les Siècles Chrétiens, ou Histoire du Christianisme, dans son établissement & ses progrès. *Paris*, 1775. 9 vol. *in*-12.

301 Les Mœurs des Israélites, par M. l'Abbé Fleury. *Paris*, 2754. 2 vol. *in*-12.

302 Histoire des Inquisitions. *Cologne*, 1759. 2 vol. *in*-12. avec fig.

303 Discours sur l'Histoire Ecclésiastique, par l'Abbé Fleury. *Paris*, 1750. 2 vol. *in*-12.

304 Bibliothèque des Auteurs Ecclésiastiques, contenant l'Histoire de leur vie, &c. par Ellies Dupin. *Paris*, 1698 à 1714. 36 vol. *in* 8.

305 { Histoire générale des Auteurs Sacrés & Ecclésiastiques, par le P. Dom Remy Ceillier, Bénédictin. *Paris*, 1719. 23 vol. *in*-4.
Table des Matières dudit Ouvrage, par Rondet. *Paris*, 1782. 2 vol. *in*-4. }

306 { Histoire du Peuple de Dieu, depuis la naissance du Messie, par le P. Berruyer. *La Haye*, 1753. 8 vol. *in*-12.
Histoire du Peuple de Dieu, troisième Partie, ou Paraphrase littérale des Epitres des Apôtres, par le même. *Amsterdam*, 1758. 5 vol. *in*-12. }

307 Mémoires chronologiques & dogmatiques, pour servir à l'Histoire Ecclésiastique, de-

puis 1600 jusqu'en 1716. *Nismes*, 2 vol. *in*-12.

308 Histoire Ecclésiastique, par Fleury. *Paris*, 1692 à 1731. 30 vol. *in*-4. grand p.

309 Table générale des Matières contenues dans les 36 vol. de l'Histoire Ecclésiastique de Fleury & du P. Fabre. *Paris*, 1774. in-4.

310 Abrégé chronologique de l'Histoire Ecclésiastique. *Paris*, 1755. 2 vol. *in*-8.

HISTOIRE PROFANE.

311 Elémens de l'Histoire ancienne, par l'Abbé Millot. *Paris*, 1772. 4 vol. *in*-12.

312 — De l'Histoire moderne, par le même. *Paris*, 1777. 5 vol. *in*-12.

313 — De l'Histoire de France. *Paris*, 1774. 3 vol. *in*-12.

314 — De l'Histoire d'Angleterre. *Paris*, 1769. 3 vol. *in*-12.

315 Histoire de France, par Chalons. *Paris*, 1754. 3 vol. *in*-12.

316 Histoire de France, de Velly, continuée par Villaret & M. Garnier. 28 vol. *in*-12.

317 Nouvel Abregé de l'Histoire de France, par le Président Henaut, deuxième édition. *Paris*, 1746. 1 vol. *in*-8.

318 Nouvel Abregé chronologique de l'Histoire de France, par le Président Henaut. *Paris*, 1767. 2 vol. *in*-4. *m. r.*

319 L'Esprit de la Ligue, ou Histoire Politique des troubles de France, par Anquetil. *Paris*, 1771. 3 vol. *in*-12.

320 L'Intrigue du Cabinet, sous Henri IV & Louis XIII, terminée par la Fronde, par Anquetil. *Paris*, 1780. 4 vol. *in*-12.

321 L'Esprit de la Fronde, ou Histoire Politique & Militaire des troubles de France, pendant la minorité de Louis XIV. *Paris*, 1773. 5 vol. *in*-12.

322 Mémoires du Cardinal de Retz & de Joly. *Geneve*, 1777. 7 vol. *in*-12.

323 Histoire de la Maison de Bourbon, par M. Désormeaux. *Paris*, *Imprim. du Louvre*, 1776. 3 vol. *in*-12.

324 Mémoires Politiques & Militaires, pour servir à l'Histoire de Louis XV, par l'Abbé Millot. *Paris*, 1777. 6 vol. *in*-12.

325 Principes de Morale, de Politique & de Droit public, ou Discours sur l'Histoire de France, dédiés au Roi, par M. Moreau, Historiographe de France. *Paris*, 1777 à 1781. 12 vol. *in*-8.

326 Observations sur l'Histoire de France, par l'Abbé De Mably. *Geneve*, 1705. 2 vol. *in*-12.

327 Histoire Généalogique de la Maison de France, par Scèvole, Louis de Sainte Marthe. *Paris*, 1619. 2 vol. *in*-8.

328 Histoire de France, de Boulainvilliers. *Paris*, 1720. 3 vol. *in*-12.

329 Quel fut l'état des personnes en France, sous la première race de nos Rois; Ouvrage commencé en 1768, par l'Académie des Inscriptions & Belles-Lettres, par l'Abbé de Gourcy, *Paris*, 1769. *in*-12.

330 Figures de l'Histoire de France : les huit premieres livraisons. *in* 4.

331 Lettres de M. William Coxe, sur l'Etat politique, civil & naturel de la Suisse. *Paris*, 1781. 2 vol. *in*-8.

332 Révolutions d'Italie, traduites de l'Italien,

de M. Denina, par M. Jardin. *Paris*, 1771. 8 vol. *in*-12. manque le tome troisième.

333 Mémoires de la Grande Bretagne & de l'Irlande. *Londres*, 1776. 2 vol. *in*-8

334 L'Histoire du Règne de l'Empereur Charles-Quint, par M. Robertson, traduite de l'Anglois. *Amsterdam*, 1771. 6 vol. *in*-12.

335 Histoire de François I, Roi de France, par M. Gaillard. *Paris*, 1769. 8 vol. *in*-12.

336 Journal de Henri III & de Henri IV, Rois de France, ou Mémoires pour servir à l'Histoire de France, par P. de l'Etoile. *La Haye*, 1744. 9 vol. *in*-8.

337 Œuvres du Seigneur de Brantome. *La Haye*, 1748. 15 vol. *in*-12. p. p. les tomes 1 & 2 manquent.

338 Histoire de Charlemagne, par M. Gaillard. *Paris*, 1782. 4 vol. *in*-12.

339 Lettres de Monsieur l'Abbé Le Blanc, Historiographe des Bâtimens du Roi, cinquième édition. *Lyon*, 1758. 3 vol. *in* 12.

340 Mémoires de Sully. *Londres*, 1767. 8 vol. *in*-12. manquent les trois derniers volumes.

341 Nouveau Voyage en Espagne, fait en 1777, 1778. *Paris*, 1782. 2 vol. *in*-8.

342 Histoire civile & naturelle du Royaume de Siam, par M. Turpin. *Paris*, 1771. 2 vol. *in*-12.

343 Bibliothèque Orientale, ou Dictionnaire universel, d'Herbelot. *Paris*, 1781. 6 vol. *in*-8,

344 Galerie philosophique du seizième siècle, par M. de Mayer. *Londres*, 1783. 2 vol. *in*-8.

345 Galerie universelle des Hommes qui se sont

illustrés, avec leurs portraits. *Paris*, 1785. *in*-8. broché.

346 Pièces intéressantes & peu connues, pour servir à l'Histoire. *Bruxelles*, 1781. *in*-12.

347 Vie de l'Infant Dom Henri de Portugal, par M. l'Abbé de Cournand. *Lisbonne*, 1781. 2 vol. *in*-12. relié en un.

348 Historiæ Romanæ Res Memorabiles, *Parisiis*, 1774. *in* 12.

349 Histoire des Révolutions Romaines, par l'Abbé de Vertot. *Paris*, 1767. 3 vol. *in*-12.

350 Histoire de la Décadence & de la Chute de l'Empire Romain, traduite de l'Anglois de M. Gibbon, par M. Leclerc de Septchenes. *Paris*, 1777. 3 vol. *in*-8.

351 Histoire de la dernière Révolution de Suede, par M. Desmaisons. *Paris*, 1781. *in*-12.

352 C. Cornelii Taciti quæ exstant Opera, Editore Lallemant. *Parisiis*, 1769. *in*-12.

353 Histoire de Tacite, en latin & françois, avec des notes sur le texte, par Dotteville. *Paris*, 1772. 2 vol. *in*-12.

354 Traduction de quelques Ouvrages de Tacite, par M. l'Abbé de la Bletterie. *Paris*, 1755. 2 vol. *in*-12.

355 Tibere, ou les six premiers livres des Annales de Tacite, par l'Abbé de la Bleterie. *Paris*, 1768. 2 vol. *in*-12. *édition du Louvre*.

356 Annales de Tacite en latin & en François, Regnes de Claude & de Néron, par Dotteville. *Paris*, 1774. 3 vol. *in*-12.

ANTIQUITÉS.

ANTIQUITÉS.

357 Temples Anciens & Modernes, ou Obſervations Hiſtoriques & Critiques, ſur les plus célèbres Monumens d'Architecture Grecque & Gothique. *Londres.* *in*-8. g. p. fig. v. d. ſ. t.

HISTOIRE LITTÉRAIRE.

358 La France Littéraire. *Paris*, 1769. 2 vol. *in*-8.

— Supplément. *Paris*, 1778. *in*-8. tome 3.

359 Hiſtoire Littéraire de M. de Voltaire, par M. le Marquis de Luchet. *Caſſel.* 6 vol. *in*-8.

360 Lettres de M. de Voltaire à M. l'Abbé Mouſſinot. *Paris*, 1781. *in*-8.

361 Anecdotes Littéraires, ou Hiſtoire de ce qui eſt arrivé de plus ſingulier & de plus intéreſſant aux Ecrivains François, &c. *La Haye*, 1766. 3 vol. *in*-12.

DICTIONNAIRES.

362 Nouveau Dictionnaire Hiſtorique, ou Hiſtoire abrégée de tous les Hommes, qui ſe ſont fait un nom, &c. *Paris*, 1772. 6 vol. *in*-8.

363 Dictionnaire des Origines, Découvertes, Inventions & Etabliſſemens. *Paris*, 1777. 3 vol. *in*-8.

364 Dictionnaire Hiſtorique des Cultes religieux, établis dans le monde, depuis ſon origine juſqu'à préſent, orné de figures. *Paris*, 1777. 3 vol. *in*-8. p. p.

365 Dictionnaire des Héréſies, des Erreurs & des Schiſmes, pour ſervir à l'Hiſtoire des Egaremens de l'Eſprit humain. *Paris*, 1762. 2 vol. *in-8*.

BIBLIOTHEQUE ROYALE

FIN.

Lu & approuvé, à Paris, ce 2 Juin 1787.

KNAPEN, Syndic.

www.ingramcontent.com/pod-product-compliance
Ingram Content Group UK Ltd.
Pitfield, Milton Keynes, MK11 3LW, UK
UKHW022155190726
13855UKWH00004B/1488

9 782013 070034